Grundlagen des Geldes

WALTER HUPPERT

GRUNDLAGEN DES GELDES

MÜNCHEN UND LEIPZIG 1938
VERLAG VON DUNCKER & HUMBLOT

Alle Rechte vorbehalten

Copyright 1938 by Duncker & Humblot
München und Leipzig
Printed in Germany

Pierersche Hofbuchdruckerei Stephan Geibel & Co., Altenburg, Thür.

Der Verfasser studierte Rechtswissenschaften (Dr. jur., Gerichtsassessor) und Wirtschaftswissenschaften (Dr. rer. pol.). Es folgten verschiedene Arbeiten, von denen aus dem Gebiete der Geldtheorie genannt seien:

> Geldwirtschaft, München und Leipzig 1934
> Geldentstehung, Berlin 1935,
> Neutralität des Geldes,
> „Finanzarchiv", Band 4, Heft 3, Tübingen 1936.

Sie können als Vorstudien und Ergänzungen zu der vorliegenden Arbeit angesehen werden.

Im Beruf war der Verfasser im Vorstand einer Brauerei tätig. Jetzt wirkt er im Vorstand einer Kammgarnspinnerei.

INHALT

	Seite
Einleitung	9
I. Überblick	15
II. Das Geld als Tauschmittel	18
1. Die Aufgaben des Geldes	18
2. Vom Naturaltausch zum Geldtausch	19
a) Wertmaße beim Naturaltausch	19
A. Warengruppenmaßstab	20
B. Wareneinheitsmaßstab	20
C. Wertziffernmaßstab	20
b) Die Werteinheit als Tauschgut	21
A. Stundung einer Naturalleistung	23
B. Verwertung einer Naturalforderung	23
C. Unbestimmte Naturalforderung	23
D. Die Forderung auf Werteinheiten (Forderungsgeld)	24
E. Werteinheiten als Geldzeichen (Bargeld)	25
III. Die Wirkungsbedingungen des Geldes	27
1. Die Wirkungsvoraussetzungen des Geldes	27
2. Die Wirkungserfordernisse des Geldes	27
3. Die Wirkungsweise des Geldes	28
4. Die Wirkungsbeschränkung des Geldes	30
IV. Die Warenbindung des Geldes	30
1. Die Art der Warenbindung	30
2. Die Tragweite der Warenbindung	31
3. Die Durchführung der Warenbindung	35

	Seite
V. Die Entstehung von Geld	36
1. Die Formen der Geldentstehung	37
a) Forderungsgeld	37
A. Zahlung durch Forderungsabtretung	37
B. Zahlung durch Forderungsbegründung	38
C. Geldentstehung beim Forderungsgeld	38
b) Bargeld	39
A. Die Formen der Geldausgabe	39
B. Die Regelung der Geldausgabe	40
2. Die Begründung der Geldeigenschaft	41
3. Die Begrenzung der Geldentstehung	43
a) Bargeld	43
b) Forderungsgeld	44
VI. Die Wirkungsspanne des Geldes	45
1. Die kreditäre Natur des Geldes	45
2. Umfang und Veränderungen der Wirkungsspanne	47
3. Die Ausfüllung der Wirkungsspanne	49
VII. Statische und dynamische Geldauffassung	52
1. Gelddeckung	53
a) Warendeckung	53
b) Wechseldeckung	54
2. Geldmenge	57

Einleitung

Die Geldtheorie hat in den letzten Jahren mancherlei beträchtliche Fortschritte gemacht, wirkt aber nach wie vor wenig einheitlich und übersichtlich. Es fehlt eine übereinstimmende Grundlage. Sie müßte durch eine klare und geschlossene reine Theorie des Geldes geschaffen werden. Man begnügt sich aber im allgemeinen damit, das Geld als gegebene wirtschaftliche Größe anzusehen. Keynes („Vom Gelde", S. 3) nennt das Geld das „Ding", welches der Rechnungseinheit entspreche und vom Staat zum Geld bestimmt sei (S. 4). Dieses Geld führt Keynes als fertige, absolute Größe in den Wirtschaftszusammenhang ein und erörtert seine Bedeutung für die Preisbildung. Solches Vorgehen muß aber zu fragwürdigen Ergebnissen führen. Das Geld ist weder eine bekannte Größe, noch kann seine Stellung unter den wirtschaftlichen Gütern als selbstverständlich behandelt werden. Der Ausgangspunkt einer reinen Theorie des Geldes muß deshalb weiter zurückverlegt werden.

Für die vorliegende Studie wird nicht das Geld, sondern der Tausch zum Ausgangspunkt gemacht. Es wird lediglich angenommen, daß die maßgebliche Aufgabe des Geldes darin liege, Tauschmittel zu sein. So wird das Geld aus dem Zusammenhang der Tauschvorgänge gesehen und auf den Tauschzweck ausgerichtet. Der Tauschzusammenhang bestimmt das Geld; in ihm allein wirkt es und hat es Bedeutung.

Aus der Aufgabe des Geldes als Tauschmittel wird aber nicht ohne weiteres gefolgert, es könne oder müsse nun Geld für alle erwünschten Tauschzwecke geschaffen werden. Lukas („Die Aufgaben des Geldes") glaubt durch eine richtige Versorgung der Wirtschaft mit Geld ihre Vollbeschäftigung erreichen zu können (S. 17 u. 558ff.). Die Eignung des Geldes, als Tauschmittel zu dienen, rechtfertigt aber noch nicht die wirtschaftspolitische Absicht, mit dem Geld auch Tauschakte hervorzurufen. Die vorliegende Arbeit bemüht sich um die Klarstellung, wieweit sich beides ermöglichen und vereinbaren läßt. Maßgeblich dafür ist allein die Natur des Geldes und sein Wirken im Tauschzusammenhang.

Für die Möglichkeit, das Geld zur Förderung der Tauschumsätze einzusetzen, muß man zwischen Geldpolitik und Kreditpolitik unterscheiden. Geldpolitik wirkt dadurch, daß sie neue Zahlungsmittel in Umlauf bringt und bestehende Zahlungsmittel aus dem Umlauf zieht. Kreditpolitik dagegen befaßt sich mit der Übertragung umlaufender Zahlungsmittel im Kreditwege, gehört also nicht mehr zur Geldtheorie. Nun pflegen aber auch neue Zahlungsmittel im Kreditwege ausgegeben zu werden. Außerdem stellt das Bankgeld selbst eine Forderung, also Kredit, dar. Deshalb hält es schwer, das Geldmoment vom Kreditmoment zu trennen. Leider vermißt man häufig diese nötige Unterscheidung. Das gilt vor allem für die Frage der „Kreditschöpfung" der Banken.

Hierbei macht sich auch eine andere unbefriedigende Auffassung der herrschenden Theorie bemerkbar: Das Bankgeld (Bankguthaben als Zahlungsmittel) gehört zu der Zahlungsmittelart des Forderungsgeldes (Buchgeld, Giralgeld). Dieses wird auch heute noch vielfach als eine Geldform angesehen, die vom Bargeld abhängig und dadurch Geld zweiten Ranges ist. Mises („Die Stellung des Geldes im Kreise der wirtschaftlichen Güter" in „Die Wirtschaftstheorie der Gegenwart", Bd. II, S. 309ff.) bezeichnet das Forderungsgeld als „Geldsurrogat"; das Geld werde dabei „durch jederzeit fällige sichere Geldforderungen vertreten". Auch Keynes (S. 5) sieht im Bankgeld nur das Anerkenntnis einer privaten Schuld und im Banknotengeld (Staatsgeld) eine Schuld des Staates, obwohl er anschließend doch zu der Meinung neigt, wenigstens das Banknotengeld „sollte nicht mehr als eine Schuld angesehen werden". Klarer und richtiger scheint da schon Reisch („Vom Geld-, Kredit- und Notenbankwesen" in „Die Wirtschaftstheorie der Gegenwart", Bd. II, S. 327) zu sehen, der die Banknote nicht als Forderung, sondern als Wertbestätigung auffaßt, welche die Notenbank ausgestellt hat. Die vorliegende Arbeit geht noch darüber hinaus. Sie hält jede Art von Forderungsgeld für selbständig und gleichwertig gegenüber dem Bargeld. Dem Forderungscharakter läßt sie nur die Bedeutung, daß er zu einer Einlösung in andere Zahlungsmittel (Bargeld) führen kann, daß aber in solcher Einlösungsmöglichkeit nur die Grenze, nicht das Wesen des Forderungsgeldes liegt.

Deshalb scheint es auch schief gesehen zu sein, wenn im Mittelpunkt der zahlreichen Erörterungen über die „Kreditschöpfung" ihre Abhängigkeit von der nötigen Bargeldreserve steht (s. Keynes, S. 19ff., Schumpeter). Nicht auf diese formelle Liquidität, sondern auf die Annahme- und Wartebereitschaft der Empfänger des Bankgeldes kommt es an.

Wenn das Forderungsgeld schlechthin als bargeldabhängig angesehen wird, so wirkt dabei auch noch ein anderer Gedanke als die formelle Barliquidität mit, nämlich die Vorstellung, alles Geld müsse irgendwie „Deckung" haben, um dadurch Wert zu erhalten. Die Wurzel dieses Gedankens liegt in der Auffassung des Geldes als Ware. Sie stellt sich in primitiven Geldverhältnissen oder dort ein, wo man keine Erklärung für den Tauschwert des Geldes findet; sie wird unterstützt durch die Stellung des Geldes im Tauschprozeß, die äußerlich warengleich ist und deshalb zur Erklärung des Geldes als Ware verführt; sie scheint bestätigt zu werden durch das geschichtliche Werden des Geldes, das zunächst Geld mit Metallwert bringt und andere Geldformen davon ableitet. In dieser Art pflegt auch heute noch das Geld warenmäßig gesehen und erklärt zu werden: Auf Bargeld mit Metallwert (Warenwert) baut Notengeld (mit Bargelddeckung) und wiederum Forderungsgeld (mit Bar- und Notendeckung) auf; von der jeweiligen Einlösbarkeit, letzthin in Metall, soll dabei die Geldeigenschaft abhängen (s. Keynes, S. 6 und 18). Im Gegensatz hierzu sucht die vorliegende Studie ohne solche unnatürliche Geldbegründung auszukommen. Die Lösung dafür sucht sie durch die richtige Auffassung des Verhältnisses des Geldes zu den Waren zu finden.

Das Geld ist anders als die Waren, aber es ist doch nicht von ihnen unabhängig; es wirkt auch nicht wie eine Ware, aber es muß in einem bestimmten Verhältnis zu den Waren stehen. Dieses Verhältnis ergibt sich aus der Rolle des Geldes im Warentauschprozeß. Durch ihn ist das Geld eine warengebundene Größe. Wird diese Bindung eingehalten, so braucht das Geld weder selbst Ware zu sein, noch braucht es eine Deckung durch Waren zu haben. Die Erklärung des Geldes aus dem Tauschprozeß und die Bindung an ihn führt zu Ergebnissen, die das Geld wesentlich einfacher und die Wirkungsmöglichkeiten der Geldpolitik wesentlich elastischer erscheinen lassen, als es die herkömmliche Geldtheorie darzustellen vermag. Die Praxis des Geldwesens scheint die hier vorgetragene Auffassung zu bestätigen; kommt sie doch ohne die komplizierten Überlegungen der herrschenden Geldtheorie aus. Vor allem gewinnt auch die staatliche Ordnung des Geldwesens eine andere Bedeutung. Wenn für das Geld seine Tauschbeziehungen zu den Waren entscheidend sind, wird die Geldordnung nur zu einem ergänzenden und fördernden, statt zu einem begründenden und entscheidenden Element. Auch darin scheint die sonstige Geldtheorie noch überwiegend fehlorientiert zu sein. Selbst wenn sie das Geld nicht direkt mit Knapp als „Geschöpf der Rechtsordnung" bezeichnet, hält sie doch in den verschiedensten Abstufungen den Staat für maßgeblich und unentbehrlich, falls Geld entstehen soll. Die häufigste heutige Forderung dieser Art ist die nach staatlich gesicherter Wertbeständigkeit des Geldes. Die Begründung dafür ist verschieden. Lukas (S. 21 und 589) leitet sie aus der Tauschmittelaufgabe des Geldes her; Reisch (S. 327) aus der Nichteinlösung der Banknoten durch den Staat; die sonstige Theorie meist aus Erwägungen der Konjunkturpolitik. Wenn nun auch das praktische Gewicht der staatlichen Einwirkungsmöglichkeiten auf das Geldwesen kaum hoch genug eingeschätzt werden kann, so wissen wir andererseits doch, daß der Staat das Geld nicht schlechthin kommandieren kann, sondern daß das Verhalten des Tauschverkehrs entscheidend bleibt. Die Erklärung des Geldes aus dem Tauschzusammenhang scheint auch diesen Bereich des Staates besser zu bestimmen, als es sonst gelingt.

I. Überblick

Durch den Tauschverkehr sollen Waren (eigener Herstellung) veräußert und dagegen fremde Waren (zum Verbrauch) erworben werden. Die Waren bestehen aus Sachgütern und Leistungen als Gegenständen des Tauschverkehrs. Neben den Waren zählt aber auch das Geld zu den Tauschentgelten (Tauschgütern). Seine Aufgabe und Stellung im Tauschprozeß ist jedoch wesentlich anders als die der Waren. Das Geld ist nur Hilfsmittel des Tausches; es soll nur den Austausch der Waren vermitteln.

Um als Tauschgut wirken zu können, muß das Geld Wert haben. Der Wert eines Gutes hängt davon ab, daß es nützlich und knapp ist. Das Geld hat keinen Gebrauchswert wie die Waren und ist deshalb nicht unmittelbar nützlich; dagegen ist es mittelbar nützlich, sofern es als Tauschentgelt für Waren wirken kann (tauschnützlich). Geld ist auch nicht ohne weiteres knapp. Geldzeichen lassen sich ohne besondere Aufwendungen herstellen. Deshalb muß das Geld künstlich verknappt werden. Das geschieht durch eine bestimmte Geldordnung, welche die Entstehung von Geld begrenzt.

Die notwendige Art der Knappheit des Geldes ergibt sich aus seiner Aufgabe als Tauschmittel. Es muß so knapp gemacht werden wie die Waren, die für Geld gekauft werden sollen. Das wird erreicht, wenn Geld nur für Waren erhältlich ist. Dann erhält der einzelne Tauschende Geld gegen Warenleistung, und kann er umgekehrt für das Geld wieder andere Warenleistungen erwerben. So erfüllt das Geld den Zweck des Tauschverkehrs: Verkauf und Kauf von Waren zu ermöglichen.

Durch die Zwischenschaltung des Geldes sind Verkauf und Kauf in zwei selbständige Tauschakte getrennt. Die Waren beider Tauschakte stehen in keiner unmittelbaren Tauschbeziehung zueinander. Deshalb fehlt auch ein unmittelbarer Tauschausgleich zwischen den Waren, wie er dem Tauschzweck (Warenaustausch) entspräche. Dafür fällt dem Geld die Aufgabe zu, das Tauschergebnis so zu gestalten, wie wenn die Waren gegeneinander getauscht worden wären.

Die Natur des Geldes läßt einen solchen warenmäßigen Tauschausgleich nur bedingt zu. Die Zahlungsmittel sind äußerlich in Herkunft und Verwendung von den Waren unabhängig (abstrakt). Deshalb können sie auch keine Beziehung zwischen den Waren zweier einzelner Tauschakte (Verkauf und Kauf) schaffen. Vielmehr wirkt das Geld nur durch den allgemeinen Marktprozeß. Im Preisbildungsprozeß des Warenmarktes wirkt der Geldbetrag (als Warennachfrage) jedes einzelnen Käufers nur zu seinem kleinen Teil mit und wird seine Kaufkraft im übrigen von dem gesamten Geld- und Warenangebot bestimmt. Indem das Geld somit alle Tauschakte marktabhängig macht, entscheidet der Markt über den Tauschwert der verkauften und der gekauften Waren jedes einzelnen Tauschbeteiligten. Eine unmittelbare Tausch- und Wertbeziehung zwischen diesen Waren fehlt — trotz des verbindenden Geldes — und ein Tauschausgleich läßt sich nur für das Tauschergebnis als Wertgleichheit der Waren feststellen. Sie tritt als Preisgleichheit der entsprechenden Waren in Erscheinung und sichert tatsächliche (marktmäßige) Wertgleichheit, wenn alles Geld am Markt nur der Ausdruck vorausgegangener Warenleistungen ist.

Die äußerliche Selbständigkeit des Geldes als Zahlungsmittel und Tauschgut läßt ihm eine gewisse eigene Wirkungsmöglichkeit (die sich mit seiner Aufgabe als warenabhängiges Tauschmittel verträgt): Der Verkäufer von Waren will zwar selbst wieder Waren erwerben, begnügt sich aber zunächst mit dem Geld, bis er (später) wieder kauft. Für diese Zeitspanne hat er also Waren hingegeben, ohne selbst Waren zu beanspruchen. In dieser Möglichkeit, Waren zu erwirken, ohne daß gleichzeitig Waren dafür hingegeben werden müssen, liegt die „Wirkungsspanne des Geldes".

Demnach ergibt sich folgender Problemkreis: Das Geld soll den Austausch der Waren vermitteln. Äußerlich ist es selbständiges Tauschgut. Sein Wert besteht aber nur in seiner Warenkaufkraft. Deshalb ist es warenabhängig. Jeder Warennachfrage durch Geld muß eine Warenleistung entsprechen. Dafür muß das Geld aus Warenleistungen hervorgehen. Dadurch wird es auch zu ihrem Ausdruck und stellt es den Tauschausgleich zwischen den Waren her. Die abstrakte Natur des Geldes setzt seiner Warenbindung aber Grenzen. Deshalb fragt es sich, wie sich die Warenabhängigkeit mit der Selbständigkeit des Geldes verträgt.

II. Das Geld als Tauschmittel

1. Die Aufgaben des Geldes

Das Geld soll Tauschmittel beim Warentausch sein. Es hat den Wert eines Tauschmittels, wenn es allgemein als Entgelt für Warenleistungen angenommen wird. Dieser Wert ist nicht Eigenwert (Sachwert), sondern (abgeleiteter) Wirkungswert (Funktionswert). Er zeigt sich in Kaufkraft und Verkehrsfähigkeit des Geldes.

In der vom Geld beherrschten Tauschwirtschaft (Geldwirtschaft) werden alle Güter nach ihrem Warenwert bei einem möglichen Tausch beurteilt. Dadurch wird das Geld zum allgemeinen (ideellen) Wertmaß, weit über seine (tatsächliche) Verwendung als Tauschmittel hinaus. Als Wertmaß drückt das Geld aber nur den Tauschwert aus, wirkt also nur als (mögliches) Tauschmittel.

In der Form von Zahlungsmitteln ist das Geld ein Wertgegenstand. Es hat aber nicht die selbständige Aufgabe, Wertbewahrungsmittel zu sein, sondern hat auch als Vermögensanlage nur den Tauschmittelwert. — Endlich kann das Geld auch als Mittel zur Wertübertragung zwischen verschiedenen Personen benutzt werden. Aber auch hierbei wird nur der Tauschmittelwert übertragen.

Die Eigenschaft als Tauschmittel ist deshalb für das Geld allein entscheidend. Seine Eignung zum Wertmaß, zur Wertanlage und zur Wertübertragung ist davon abhängig. Deshalb muß das Geld als Tauschmittel gesehen, beurteilt und erklärt werden.

2. Vom Naturaltausch zum Geldtausch

Beim Naturaltausch wird der Tauschzweck — Veräußerung und Erwerb von Waren — in einem Tauschakt unmittelbar, gleichzeitig und abschließend erfüllt. Der Geldtausch benötigt für denselben Tauschzweck zwei selbständige Tauschakte (Verkauf und Kauf). Außerdem unterwirft das Geld beide Tauschakte den Einwirkungen des Markt- und Preissystems. Somit unterbindet das Geld den unmittelbaren Zusammenhang zwischen den Tauschakten. Dadurch wird auch das Tauschziel — der Ausgleich zwischen verkauften und gekauften Waren — auf andere Weise als beim Naturaltausch erreicht.

Der Geldtausch läßt sich aus dem Naturaltausch entwickeln. Dabei tritt die Stellung des Geldes im Tauschprozeß klar hervor.

a) Wertmaße beim Naturaltausch

Im Naturaltausch haben die einzelnen Waren ursprünglich kein allgemeines und meßbares Wertverhältnis zueinander; vielmehr müssen bei jedem einzelnen Tauschakt die Beteiligten das gegenseitige Wertverhältnis der Tauschwaren bestimmen. Es gibt also keine allgemeinen Tauschwerte, und die jeweiligen Tauschwerte werden nicht nach einem allgemeinen Maß gemessen.

Bei gesteigertem Tauschverkehr entsteht jedoch das Bedürfnis, die Richtigkeit der einzelnen Tauschwertschätzungen durch Anlehnung an andere Tauschakte (Tauschbewertungen) zu sichern. Man sucht sich anderen Tauschakten anzugleichen, um so zu einer gewissen Einheitlichkeit der Bewertung zu kommen. Derartige Vergleiche lassen sich aber nur mittels allgemeiner Wertmaße durchführen. Entsprechende Maßstäbe sind in verschieden weitgehender Ausgestaltung denkbar.

A. Warengruppenmaßstab

Es kann zunächst für einzelne (wichtige) Waren ein gegenseitiges Wertverhältnis geschaffen werden. Die so verbundenen Waren bilden Warengruppen. Diese stehen aber untereinander in keiner meßbaren Wertbeziehung.

Beispiel: 1 Pferd = 2 Kühe,
1 Schaf = 4 Hühner.

B. Wareneinheitsmaßstab

Eine einzelne Ware kann zum Maßstab für alle Waren erhoben werden. Auf sie werden alle Waren bezogen. Dadurch werden alle Waren miteinander vergleichbar.

Beispiel: 1 Pferd = 2 Kühe,
1 Pferd = 6 Schafe,
folglich 1 Kuh = 3 Schafe.

C. Wertziffernmaßstab

Der allgemeine und einheitliche Maßstab braucht nicht notwendig eine Ware zu sein. Der Warencharakter stört sogar wegen der marktmäßigen Wertschwankungen der maßgeblichen Ware. Zweckmäßiger und einfacher ist es, statt dessen Werteinheiten in abstrakten Ziffern auszudrücken.

Beispiel: 1 Pferd = 100 Werteinheiten,
1 Kuh = 50 Werteinheiten.

Die Wertziffern geben als Preise den Marktwert der Waren wider. Dadurch können Waren der verschiedensten Art wertmäßig verglichen oder zusammengerechnet sowie als Tauschleistungen gegeneinander abgerechnet werden. Das ist schon eine Art Geldrechnung (und damit eine Vorstufe des Geldtausches), aber noch kein Geldtausch. Der Tausch bleibt so lange Naturaltausch, wie die Waren unmittelbar gegeneinander getauscht werden und die Werteinheiten hierbei nur Maßstäbe sind.

b) Die Werteinheit als Tauschgut

Der Übergang vom Naturaltausch zum Geldtausch liegt darin, daß die Werteinheit vom Maßstab zum Tauschgut gemacht wird. Damit bekommt die Werteinheit nicht nur eine andere Verwendung, sondern auch ein anderes Wesen. Eine Maßeinheit hat kein eigenes Dasein. Man kann sie sich nur in Verbindung mit bestimmten Sachgütern, also angewendet, vorstellen. Aber auch dann hat man gegenständlich nur eine gemessene Ware, nicht die Maßeinheit selbst vor sich. So kann man zum Beispiel feststellen, daß ein Kilogramm Gold 2790 Reichsmark wert ist. Dabei bleibt aber die Reichsmark nur der Maßstab und bleibt das Gold die Ware; es wird nicht etwa der Maßstab zur Ware.

Die Werteinheit wird zum Tauschgut und Geld, wenn nicht die damit gemessene Ware, sondern die Werteinheit selbst die Tauschleistung sein soll. Es soll also zum Beispiel nicht Gold im Werte von 2790 Reichsmark geleistet werden, sondern (abstrakt) 2790 Reichsmark. Um aber so als Tauschgut umgesetzt und bewertet zu werden, muß die Maßeinheit eine selbständige äußere Gestalt annehmen und muß deren Tauschwert begründet werden. Die notwendige äußere Gestalt (Form) findet sich in den Zahlungsmitteln, und der Tauschwert liegt in der Tauschnützlichkeit (Kaufkraft).

Damit sind die Zahlungsmittel aber keine Waren. Sie haben keine Sachguteigenschaften, vor allem nicht die Gegenständlichkeit und unmittelbare Nützlichkeit der Waren. Andererseits sind sie selbständiges Tauschgut und damit mehr als ein Maßstab. Die Bedeutung der Zahlungsmittel als Tauschgut läßt sich aber nur aus der Fortbildung des Maßstabcharakters verstehen. Deshalb soll diese Entwicklungslinie — aus dem Naturaltausch heraus — nachgezeichnet werden. Dabei soll gezeigt werden, daß die Werteinheit als selbständiges Tauschgut in etwa eine Fiktion bleibt, und daß die Aufrechterhaltung dieser Fiktion bestimmte Wirkungsbedingungen des Geldes voraussetzt.

Man gelangt vom Wertmaß zum Tauschgut, wenn man beim Naturaltausch an die Stelle der sofortigen Tauschleistung eine Forderung auf eine Tauschleistung setzt, diese durch Werteinheiten mißt, sie dann so behandelt, wie wenn nicht Waren gemessen in Werteinheiten, sondern die Werteinheiten selbst geschuldet würden, und diese Forderung auf Werteinheiten als Zahlungsmittel (das ist als Darstellung von Werteinheiten zwecks Übertragung als Tauschgut) benutzt. In diesem Stadium ergibt sich die Einsicht, daß für die Verwendung als Zahlungsmittel der Forderungscharakter nicht mehr wesentlich ist. So ersetzt man denn die Forderungen durch (abstrakte) Geldzeichen. Der Tauschgutwert solcher Geldzeichen muß allerdings durch eine bestimmte Geldordnung gesichert werden (die bei Forderungen noch entbehrt werden kann). — Im einzelnen lassen sich folgende Stadien der angedeuteten Entwicklung unterscheiden:

A. Stundung einer Naturalleistung

Wenn A mit B Waren tauschen will und A sofort leistet, B aber noch nicht mit einer Gegenleistung dienen kann, dann muß A dem B Stundung gewähren. Dadurch entsteht eine Forderung des A gegen B.

B. Verwertung einer Naturalforderung

Es ist denkbar, daß A nicht bis zum Ablauf der Stundungsfrist warten kann, oder daß er die von B geschuldete Leistung persönlich nicht (mehr) brauchen kann. Dagegen könnte vielleicht C die Leistung des B verwenden und auch darauf warten, während A seinerseits für eine Leistung des C Interesse hat. Dann kann A seine Forderung gegen B an C abtreten und sich dafür von C eine Leistung ausbedingen. Dadurch wird die Forderung zum Tauschgut.

C. Unbestimmte Naturalforderung

Ein Tauschabschluß kommt vielleicht eher zustande, wenn die Leistung des B vorläufig inhaltlich noch unbestimmt bleibt. Es kann späterer (beiderseitiger) Vereinbarung oder (einseitiger) Bestimmung vorbehalten bleiben, was B leisten soll. A muß dann aber verlangen, daß wenigstens der Umfang der künftigen Leistung wertmäßig schon festgelegt wird. Da aber die Art der Ware noch nicht feststeht, läßt sich der Leistungsumfang nur durch abstrakte ziffernmäßige Werteinheiten ausdrücken. Wenn dann später ermittelt wird, welche Ware A braucht und B leisten kann, liegt die Warenmenge ohne weiteres (preismäßig) fest.

A kann die nur wertmäßig bestimmte Naturalforderung an einen Dritten abtreten, dieser kann sie weiter abtreten und so fort. Wenn aber B gegenüber dem letzten Gläubiger die Forderung einlösen soll, dann muß der Inhalt der Forderung als eine bestimmte Ware, die geleistet werden soll, ermittelt werden.

D. Die Forderung auf Werteinheiten (Forderungsgeld)

Dem Gläubiger einer Forderung (die erst in Werteinheiten festliegt), mag mehr daran liegen, mit der Forderung zu zahlen (d. h. sie als Gegenleistung für Warenkäufe an anderer Stelle zu verwenden), als sie (in Waren vom Schuldner) einzuziehen. Daran mag er schon bei Begründung der Forderung denken. Dementsprechend wird die zeitliche Fälligkeit der Forderung möglichst hinausgeschoben oder sogar unbestimmt gelassen werden. Desgleichen wird die Bestimmung des Inhalts der Forderung (Konkretisierung durch eine Ware) zurückgestellt werden. Fälligkeit und Konkretisierung können in das Ermessen des Gläubigers gestellt oder überhaupt unbestimmbar gehalten werden. Alles das fördert die Eignung der Forderung zur Zahlungsverwendung. Die Einlösung der Forderung tritt dagegen mehr und mehr zurück.

Schließlich glaubt man in den Werteinheiten der Forderung nicht mehr nur den Maßstab für eine künftige Warenleistung, sondern den eigentlichen Leistungsinhalt der Forderung vor sich zu haben; man glaubt also, daß nicht mehr Waren, sondern Werteinheiten geschuldet würden. Diese Annahme ist ein Trugschluß. Den Werteinheiten an sich fehlt zum Tauschgut die

Gegenständlichkeit und der Eigenwert. Deshalb können sie auch nicht Inhalt einer Forderung sein. Die Unterstellung einer Forderung auf Werteinheiten führt aber zu keinen Schwierigkeiten, solange die Forderung nicht (in Werteinheiten) eingelöst werden soll. Man denke an den Aufdruck früherer Banknoten: „100 Mark zahlt die Reichsbank gegen diese Note." Dieses Zahlungsversprechen hätte (mangels Goldeinlösung) nur durch andere gleichartige Banknoten erfüllt werden können. Praktisch bestand also keine Einlösbarkeit, weil das Versprechen unerfüllbar war. Der Widerspruch zwischen der Form des Zahlungsversprechens und dessen Unerfüllbarkeit konnte nur deshalb ungelöst bleiben, weil niemand ernsthaft an eine Einlösung der Banknote dachte, sondern ihren Wert und Verwendungszweck allein in der Weitergabe im Tauschverkehr sah.

Eine Forderung, die nicht eingelöst werden soll oder kann, bleibt aber ein Widerspruch in sich selbst. An sich ist eine Forderung eine Leistungsbeziehung, bei der alles auf die Erfüllung hinweist. Inhalt, Wert und Wesen der Forderung liegen in der Erfüllung. Eine unerfüllbare Forderung ist deshalb eine Fiktion. Die Forderung auf Werteinheiten hat solchen fiktiven Charakter. Sie wird aber nicht als Leistungsbeziehung, sondern nur als Darstellung von Werteinheiten behandelt. Sie soll nicht erfüllt werden, sondern als Zahlungsmittel dienen. Die Werteinheiten haben nur die Form der Forderung und sollen als solche der Gegenstand der Leistung (Zahlung) sein.

E. Werteinheiten als Geldzeichen (Bargeld)

Wenn eine Forderung nicht mehr als Leistungsbeziehung, sondern als Darstellung von Werteinheiten angesehen wird, dann ist die Form und der Charakter der Forderung für die Zahlungsverwendung überflüssig. Einfacher ist es, statt einer Forderung auf Werteinheiten die Werteinheiten selbst zum Zahlungsmittel zu machen. Dadurch wird nur die Unklarheit und Verlegenheit beseitigt, daß das Zahlungsmittel (fiktiv) eine Forderung sein soll, während es nicht als Forderung, sondern als Geld behandelt wird.

So kommt es zur reinen Form des Zahlungsmittels, dem Geldzeichen (Bargeld). Es ist von Leistungsbeziehungen und Leistungsinhalten (Personen und Sachen) losgelöst und stellt sich somit als abstrakte und selbständige Werteinheit dar. Um als Geldzeichen umgesetzt werden zu können, brauchen die Werteinheiten nur eine gewisse äußere Erscheinung (Münzen und Noten). Ihr Wert als Zahlungsmittel hängt aber nicht von dieser Verkörperung (Metallwert) ab.

Da die Geldzeichen den Forderungscharakter abgestreift haben und auch nicht durch Sachwert gelten, muß der fehlende Eigenwert durch einen Tauschmittelwert (Funktionswert) ersetzt werden. Dieser Wert wird durch ein bestimmtes Verhältnis des Geldes zu den Waren geschaffen. Die Geldzeichen sind also nur in der äußeren Form selbständig, während ihre Aufgabe als reines Tauschmittel eine Einordnung in den Warentauschprozeß verlangt. Diese Wirkungsbedingungen des Geldes sind nun genauer festzustellen; sie sind das zentrale Problem der Geldtheorie und ihre Durchführung ist die Hauptaufgabe der Geldpolitik.

III. Wirkungsbedingungen des Geldes

1. Die Wirkungsvoraussetzungen des Geldes

Der Verkäufer einer Ware nimmt Geld als Tauschentgelt an, weil er damit wieder Waren kaufen kann; jedenfalls vertraut er darauf. Dieses Vertrauen bildet sich aus der Erfahrung, daß man allgemein für Geld Waren kaufen kann und beruht auf der Erwartung, daß es auch weiter so sein wird. Das Vertrauen allein genügt aber nicht für eine einwandfreie Wirkungsweise des Geldes als Warentauschmittel. Voraussetzung sind vielmehr bestimmte **sachliche** Wirkungsbedingungen des Geldes. Sie müssen durch eine besondere Geldordnung sichergestellt sein. Nur dann kann das Geld sich bewähren und damit Vertrauen erwerben.

2. Die Wirkungserfordernisse des Geldes

Die notwendige Wirkungsweise des Geldes ergibt sich aus seiner Aufgabe als Warentauschmittel. Das Geld soll den Austausch der Waren **vermitteln** und dabei für den einzelnen Tauschenden zwischen verkauften und gekauften Waren einen **Ausgleich** schaffen, wie wenn die Waren unmittelbar gegeneinander getauscht würden. Demnach soll das Geld einerseits als Tauschentgelt Tauschgut sein, andererseits aber nur die vorausgegangenen Warenleistungen vertreten und dementsprechend beim Tausch wirken. Mithin ist das Geld kein eigenständiges Tauschgut, sondern funktionell **von den Waren abhängig.**

Die Warenabhängigkeit des Geldes steht in einem gewissen Widerspruch zu der (scheinbaren) äußerlichen Selbständigkeit des Geldes. Deshalb fragt es sich, wieweit beides sich miteinander vereinbaren läßt. Darüber gibt die Struktur des Geldtausches Aufschluß.

3. Die Wirkungsweise des Geldes

a) Das Geld soll — als Wertausdruck der verkauften Ware — die Warenleistung des Verkäufers darstellen; indem der Verkäufer mit demselben Geldbetrag seinerseits wieder eine Ware kauft, soll diese — gemäß dem Ziel des Tauschverkehrs — das eigentliche Entgelt für die verkaufte Ware bedeuten. Trotz dieser verbindenden und vermittelnden Stellung zwischen den beiden Tauschakten und ihren Waren schafft aber das Geld zwischen ihnen keine unmittelbare Tauschbeziehung.

Dadurch unterscheidet sich der Geldtausch vom Naturaltausch. Dieser schafft einen vollkommenen warenmäßigen Leistungsausgleich. In einem Tauschakt werden die Waren gegeneinander umgesetzt. Die Tauschleistungen sind also zweiseitig, gegenseitig und gleichzeitig; mithin sind sie auch (subjektiv) gleichwertig. Beim Geldtausch dagegen werden die Waren in zwei Tauschakte, Verkauf und Kauf, getrennt; sie stehen also in keiner gegenseitigen Tauschbeziehung und sind folglich auch nicht tauschförmig gleichwertig. Die Gleichwertigkeit — als Tauschziel — könnte höchstens im Tauschergebnis erreicht werden. Das Mittel hierzu könnte das Geld sein, indem es die Waren beider Tauschakte miteinander verbindet.

Man denke sich dafür folgendes Tauschschema: A verkauft seine Ware an B und erhält dafür Geld (G), mit dem er von C eine andere Ware kauft. Beide Waren kommen tauschförmig ebensowenig zusammen, wie B mit C. Für A gehören die Waren jedoch nach dem Tauschzweck zusammen; A verkauft nur, um wieder kaufen zu können; die gekaufte Ware bedeutet ihm daher das eigentliche Entgelt für die verkaufte Ware. Tatsächlich kann aber allenfalls das Geld (G) eine Entgeltbeziehung zwischen den Waren herstellen.

b) Die Gleichwertigkeit der Waren — als erstrebtes Tauschergebnis — kann im verbindenden Geld nur als Preisgleichheit beider Waren zum Ausdruck kommen. Die Preisgleichheit folgt daraus, daß mit dem Erlös der verkauften Ware eine andere Ware gekauft wird. Was besagt aber die Preisgleichheit über die Gleichwertigkeit?

Diese Frage führt zum Preisbildungsprozeß. In der Verkehrswirtschaft ergeben sich die Preise am allgemeinen Markt. In der Geldwirtschaft bilden sich die Preise nicht mehr isoliert für jeden Einzelfall, wie im Naturaltausch, sondern aus dem Zusammenhang aller Marktbeziehungen. Die Kaufnachfrage tritt in der neutralen Form des Geldes auf und kann sich deshalb einheitlich auf das gesamte Warenangebot erstrecken. So sind Käufer wie Verkäufer in die allgemeine Marktlage und Marktbewertung eingegliedert. Preisgleichheit zweier Waren besagt demnach, daß die Waren nach der allgemeinen Marktbewertung gleichwertig sind. Demgegenüber ist es ohne Bedeutung, ob sie auch nach der Meinung des einzelnen Tauschenden gleichwertig sind; denn dieser muß sich dem Markt fügen.

Die marktförmige Wirkungsweise des Geldtausches sichert mithin dem Tauschenden nur marktmäßige Gleichwertigkeit zwischen verkauften und gekauften Waren. Ein weitergehendes Ausgleichsverhältnis zwischen den Waren ist nicht denkbar; es wird durch die Natur des Geldes und des Geldtausches ausgeschlossen; denn das Geld trennt die Waren, bringt sie in den Marktzusammenhang und unterwirft sie der Bewertung des Marktes.

4. Die Wirkungsbeschränkung des Geldes

Wenn der Tauschausgleich der Waren (s. III, 2) nur als Preisgleichheit denkbar ist (s. III, 3), dann darf im Preisbildungsprozeß das Geld nur als Ausdruck von Warenleistungen wirken; denn nur dann gleicht sich die im Geld wirkende Warenleistung mit der dafür gekauften Warenleistung aus und wird damit das Tauschziel erreicht.

Demnach muß das Geld sich eigener Einwirkungen auf den Tauschprozeß enthalten („Neutralität des Geldes"). Jeder Geldbetrag darf nur eine Warenleistung wiedergeben. Daneben darf kein Geld als Warennachfrage auftreten, dem keine Warenleistung entspricht. Nur wenn beides gesichert ist, sind die Preise der unverfälschte Ausdruck der Marktlage der Waren.

Diese Wirkungsbeschränkung des Geldes beruht auf seiner Abhängigkeit von den Waren und erfordert deshalb seine Bindung an die Waren. Wie muß sie beschaffen sein und wie ist sie zu erreichen?

IV. Die Warenbindung des Geldes
1. Die Art der Warenbindung

Das Geld wirkt am Warenmarkt als Ausdruck von Warenleistungen, wenn es vorausgegangene Warenleistungen vertritt. Praktisch kann es sich dabei nur um die Warenleistungen handeln, für die es erworben worden ist. Andererseits darf Geld nur gegen Warenleistungen zu erwerben sein. Beides zusammen sichert die Übereinstimmung von Geldangebot am Markt und Warenleistungen. Diese zwangsläufige Verbindung soll als Entgeltlichkeitsprinzip bezeichnet werden. Es besagt also, daß Geld am Warenmarkt nur vorausgegangene Warenleistungen darstellen darf. Solcher Art ist die Warenbindung des Geldes.

2. Die Tragweite der Warenbindung

a) Die Warenbindung macht zunächst das Geld knapp und gibt ihm damit Wert. Ohne solchen Wert könnte das Geld nicht Tauschgut sein.

Mangels Eigenwertes des Geldes muß der Geldwert von den Tauschwaren abgeleitet sein. Auch das wird durch die Herkunft des Geldes aus dem Warentausch gesichert. Dadurch wird ein bestimmtes Wirkungsverhältnis und damit Wertverhältnis zwischen Waren und Geld geschaffen.

b) Die Warenbindung verhindert zusätzliche Kaufnachfrage durch Geld (Inflation). Wer Waren gegen Geld hergibt, tut dies bei einem bestimmten allgemeinen Preisstand. Nach ihm bewertet er seine Warenleistung und berechnet er, welche Warenleistungen er für das Geld wieder erwerben kann. Diese Erwägungen würden aber durchkreuzt werden, wenn neben dem Geld, das aus Warenleistungen stammt, weiteres Geld aufträte. Dadurch würde eine vermehrte Warennachfrage entstehen. Infolgedessen würden — bei gleichbleibendem Warenangebot — die Preise steigen. Der „ehrliche" Gelderwerber würde also enttäuscht werden.

Eine solche Entwicklung verletzt nicht nur die Tauschgerechtigkeit, sondern gefährdet auch die Verkehrsfähigkeit des Geldes. Zahlungsmittel werden nur dadurch zu Geld, daß jemand sie im Tauschverkehr in Zahlung nimmt, das heißt, bereit ist, dagegen Waren zu leisten. Ob jemand Waren tauschen will und ob er dafür bestimmte Zahlungsmittel annehmen will, steht prinzipiell in seinem freien Ermessen. Er wird dazu bereit sein, wenn die betreffenden Zahlungsmittel erfahrungsgemäß allgemeine Kaufkraft besitzen, das heißt an beliebigen anderen Stellen zum Erwerb von Waren verwendet werden können. Das Vertrauen in diese Geldwertigkeit der Zahlungsmittel kann aber nur durch ihre praktische Bewährung im Tauschverkehr erhalten bleiben.

Wenn dagegen die Marktpreise infolge zusätzlichen Geldangebotes steigen, fühlt sich der „ehrliche" Geldbesitzer angesichts der Entwertung seines Geldes „betrogen". Er wird deshalb derartige Zahlungsmittel künftig meiden. Statt dessen wird er Devisen oder solche Zahlungsmittel bevorzugen, die durch Sachwertdeckung (speziell Gold) gegen Entwertung geschützt sind. Stehen derartige Zahlungsmittel nicht zur Verfügung, so wird zwar die wirtschaftliche Lebensnotwendigkeit, weiter zu tauschen, auch entwertungsbedrohte Zahlungsmittel verkehrsfähig erhalten. Dennoch kann bei übermäßiger zusätzlicher Geldschaffung der Tauschverkehr schließlich die Zahlungsmittel ablehnen, selbst wenn er dadurch in Formen des Naturaltausches gedrängt wird oder auf Tauschakte verzichten muß. Das hat sich 1923 in Deutschland gezeigt. Aber auch ohne solche Gefährdung der Verkehrsfähigkeit und damit der Geldwirkung der Zahlungsmittel bleibt jede zusätzliche Geldschaffung insoweit unerwünscht, als sie den Preisstand verändert und damit die Neutralität des Geldes verletzt.

c) Die Warenbindung gibt andererseits eine gewisse Gewähr gegen **Ausfall von Kaufnachfrage infolge Fortfalls von Zahlungsmitteln (Deflation)**. Durch das Entgeltlichkeitsprinzip wird die Menge der Zahlungsmittel, welche für Kaufnachfrage bereitsteht, den Warenumsätzen der jeweils vorausgegangenen Tauschperiode angepaßt. Nach diesen Umsätzen haben sich die Preise gebildet, und auf gleichbleibende Umsätze richtet sich die Produktion ein.

Wahrscheinlich werden die Verbraucher (Lohnempfänger) im allgemeinen wieder so viel ausgeben, wie sie erhalten haben. Abweichungen durch Sparen führen nur zu gewissen zeitlichen Verschiebungen, da die Ersparnisse ganz überwiegend später wieder aufgezehrt werden. Anders ist es dagegen bei den Erzeugern (Unternehmern). Da geldlich nur die tauschwirtschaftlichen Umsätze (Zahlungen) entscheidend sind, muß alles, was der Unternehmer gegen Zahlung erwirbt, als sein Verbrauch angesehen werden. So „verbraucht" er Rohstoffe, Hilfsstoffe, Betriebsstoffe und Arbeitskraft, indem er sie bezahlt. Abgesehen vom Kreditfall geschieht das mit Erlösen früherer Erzeugnisse. Abweichend vom Lohnempfänger richtet der Unternehmer seine Erzeugung — die marktmäßig Verbrauch ist — aber weniger nach seinen bisherigen Umsätzen, als nach den künftigen Absatzaussichten ein. Dadurch kann die Gleichläufigkeit von Einnahmen und Ausgaben unterbrochen werden. Der Tauschprozeß behält dann also nicht gleichen Umfang.

Diese Veränderungen der gesamten Tauschumsätze beruhen

aber nicht auf Geldeinflüssen, sondern auf der kapitalistischunternehmerischen Wirtschaftsverfassung. Es kann nicht Aufgabe des Geldes sein, sie zu unterbinden. Die Natur des Geldes, die nicht geändert werden kann, läßt solche freie Entschließungsmöglichkeit über die Art und den Zeitpunkt von Käufen zu.

d) Die Grenzen der Warenbindung des Geldes folgen einmal daraus, daß die Warenbindung nur Marktstörungen durch Geldnachfrage ohne Warenleistung verhindern soll; zum anderen daraus, daß die Natur des Geldes nur eine funktionelle, nicht aber eine unmittelbare Warenbindung zuläßt.

A. Für den Warenmarkt ist es (preislich) ohne Bedeutung, ob die Zahlungsmittel von dem, der sie (produktiv) erworben hat, wieder ausgegeben werden oder von anderen Personen. Dadurch kann keine zusätzliche Warennachfrage entstehen oder Warennachfrage ausfallen. Deshalb kann Geld durch Schenkung, Kredit, Steuern oder Abgaben auf andere Personen — ohne Warenzusammenhang — übertragen werden.

B. Das Entgeltlichkeitsprinzip besagt auch nichts über die Reihenfolge und Zeitfolge der Warengeschäfte.

aa) Im allgemeinen wird der Verkauf vor dem Kauf liegen, weil der Verkauf erst das Geld beschaffen muß. Durch Kredithilfe kann aber auch die umgekehrte Reihenfolge erzielt werden; dann muß dem Kauf des Kreditnehmers (aus Kreditmitteln) ein Verkauf (aus eigener Leistung, zwecks Kreditrückzahlung) folgen.

bb) Das Geld braucht nicht sofort nach seinem Erwerb wieder ausgegeben zu werden. Die Natur des Geldes — als Wertgegenstand — läßt grundsätzlich eine beliebig lange Aufbewahrung zu. Allerdings kann sich der Geldbesitzer dann nicht den möglichen zwischenzeitlichen Wertschwankungen entziehen; denn das Geld ist kein Werterhaltungsmittel, sondern nur Tauschmittel (II, 1) mit der Kaufkraft, welche sich aus der jeweiligen Preislage des Marktes ergibt (III, 3).

Die Entschließungsfreiheit über den Zeitpunkt der Wiederausgabe von Geld (durch sogenanntes Horten und Enthorten) kann natürlich zu erheblichen Nachfrageschwankungen am Markt führen. Sie brauchen die Preise nicht zu beeinflussen, wenn diese durch Lagerbildung und Lagerabbau oder durch entsprechende Einstellung der Erzeugung abgefangen werden. Andernfalls jedoch werden Preisbewegungen unvermeidlich sein. Sie sind aber bei der Natur des Geldes unvermeidbar; denn es ermöglicht Tauschgerechtigkeit nur als nominelle Preisgleichheit zwischen Verkauf und Kauf (III, 3).

3. Die Durchführung der Warenbindung

Die Warenbindung nach dem Entgeltlichkeitsprinzip soll jedem Verkäufer die Möglichkeit entsprechender anschließender Käufe sichern. Deshalb soll Geld nur gegen Waren erhältlich sein. Schon der natürliche Zusammenhang und Ablauf des Wirtschaftslebens erfüllt weitgehend das Entgeltlichkeitsprinzip. Im Tauschverkehr wird jeder Einzelne Geld nur gegen Waren hergeben; umgekehrt wird er dann Waren nur gegen Geld hergeben. So erzwingt das Geld Warenleistungen und schließt es andererseits Warenleistungen ohne Geld aus.

Alles das gilt grundsätzlich aber nur für das in Umlauf befindliche Geld. Deshalb braucht dieses Geld nicht mehr von einer besonderen Geldordnung erfaßt zu werden. Anders dagegen ist es mit der Entstehung neuen Geldes. Sie ermöglicht Warenerwerb ohne Warengegenleistungen. Wie läßt sich das mit der Warenbindung des Entgeltlichkeitsprinzips vereinbaren?

V. Die Entstehung von Geld

Das Geld soll Warentauschmittel sein. Daraus ergibt sich auch ein funktioneller Geldbegriff: Geld sind die Zahlungsmittel, gegen welche Waren getauscht werden; sie sind aber nicht an sich (substantiell) Geld, sondern nur im Zusammenhang mit einer Zahlung (funktionell).

Danach richtet sich auch der Begriff der Geldentstehung. Geld entsteht nicht schon dann, wenn Zahlungsmittel entstehen, sondern erst dann, wenn mit ihnen gezahlt wird. Sieht man nur die Zahlung als wesentlich an, so muß man in jeder Zahlung auch eine Geldentstehung sehen; ob dabei ein Zahlungsmittel erstmals oder wiederholt umgesetzt wird, macht dafür keinen Unterschied. Da aber für die wiederholte Zahlungsverwendung die Warenbindung gesichert ist (IV, 3), soll hier nur die erstmalige Zahlungsverwendung als Geldentstehung untersucht werden.

Es gibt zwei wesentlich verschiedene Arten von Zahlungsmitteln: Bargeld und Forderungsgeld. Auch der Vorgang der Geldentstehung ist bei diesen Zahlungsmittelarten verschieden. Es ist üblich, im Bargeld die Grundform des Geldes zu sehen und das Forderungsgeld daraus abzuleiten (also für abhängig zu halten). Das ist nicht gerechtfertigt. Beide Arten von Zahlungsmitteln stehen gleichwertig nebeneinander. Als Ausdruck von Werteinheiten können sie in gleicher Weise Zahlungswirkungen entfalten. Man könnte sogar im Forderungsgeld die ursprünglichere Geldform sehen, deren Zahlungseignung sich aus bestimmten Tauschzusammenhängen ergibt (II, 2, b, A—D), während dies beim Bargeld nicht ohne weiteres gilt (II, 2, b, E). Jedenfalls aber ist das Forderungsgeld gegenüber dem Bargeld durchaus selbständig.

1. Die Formen der Geldentstehung

a) Forderungsgeld

Forderungsgeld besteht aus Forderungen als Zahlungsmitteln. Entweder wird mit einer bestehenden Forderung gezahlt, indem sie abgetreten wird, oder der Zahlungsempfänger erhält eine neue Forderung gegen einen Dritten, die als Zahlung gilt.

A. Zahlung durch Forderungsabtretung

Ein Gläubiger (G) kann seine Forderung gegen seinen Schuldner (S) an eine andere Person (Z) abtreten. Das wirkt als Zahlung des G, wenn Z die Forderung als Zahlungsmittel ansieht und demnach die Abtretung als Zahlung anerkennt. Auf die Einlösung der Forderung durch S gegenüber Z kommt es dann nicht mehr an. — In der Praxis ist eine solche Zahlungsweise nicht häufig. Girierte Wechsel werden fast nur zur Diskontierung (d. h. als Kreditgewährung bis zur Wechseleinlösung) und nicht als Zahlungsmittel angenommen. Auch girierte Schecks pflegen nur „Eingang vorbehalten" in Zahlung genommen zu werden.

B. Zahlung durch Forderungsbegründung

Angenommen, A will an Z durch eine Bank (B) zahlen. Er wird dann B zur Zahlung an Z anweisen. B kann an Z mit Bargeld zahlen. Statt dessen kann B aber auch dem Z den Betrag auf seinem Konto gutschreiben. Damit bekennt B sich als Schuldner des Z. Folglich hat Z eine Forderung gegen B. Die Begründung dieser Forderung wirkt als Zahlung des A an Z, vorausgesetzt, daß Z sich mit der Forderung begnügt. Dadurch ist die Forderung Zahlungsmittel geworden.

B wird die Zahlungsanweisung im allgemeinen nur ausführen, wenn A ein entsprechendes Überweisungsguthaben (also eine Forderung gegen die Bank) besitzt. (Bei einer Zahlungsanweisung durch Scheck ist das sogar unbedingte Voraussetzung.) B kann das Überweisungsguthaben aber auch durch Krediteinräumung schaffen. Ebenso kann B (ohne vorherige Gutschrift) für A die Zahlung an Z als Kreditgewährung an A leisten. Für die Zahlungswirkung zwischen A und Z ist es jedoch ohne Bedeutung, ob B auf Grund eines Guthabens oder Kredites zahlt.

Damit wird auch deutlich, daß nicht das Überweisungsguthaben des A das eigentliche Zahlungsmittel ist. Es wird also nicht eine bestehende Forderung (Guthaben) abgetreten. Vielmehr liegt die Zahlung darin, daß Z eine Forderung gegen B erwirbt. Diese Forderung entsteht mit der Zahlung und ist Zahlungsmittel.

C. Geldentstehung bei Forderungsgeld

Jede Zahlung durch erstmalige Abtretung einer Forderung und jede Zahlung durch Forderungsbegründung macht diese

Forderungen zu Geld. Entscheidend dafür ist die Zahlungswirkung. Sie hängt davon ab, ob der Zahlungsempfänger die Forderung als Zahlung annimmt. Forderungsgeld ist nämlich kaum je Währungsgeld mit Annahmezwang (wie das Bargeld). Da der Zahlungsempfänger entscheidend bleibt, braucht auch der Staat nicht zu bestimmen, welche Arten von Forderungen Geld sein können. Ebenso braucht der Staat die Entstehung von Forderungen und ihre Zahlungsverwendung nicht zu begrenzen. Für die Wertigkeit von Forderungen pflegt im übrigen schon dadurch gesorgt zu sein, daß im allgemeinen niemand etwas leistet und dafür eine Forderung entgegennimmt, ohne deren Einlösbarkeit oder Zahlungseignung geprüft und in Ordnung befunden zu haben.

b) Bargeld

Bargeld besteht aus Münzen oder Banknoten. Die Geldzeichen werden durch Prägung bzw. Druck hergestellt. Zum Geld werden sie dadurch, daß sie erstmals in Zahlung gegeben werden.

A. Die Formen der Geldausgabe

Das Bargeld kann auf zwei verschiedenen Wegen ausgegeben (in Umlauf gebracht) werden, nämlich als Zahlung oder als Kreditgewährung (zahlungsförmige und kreditförmige Geldausgabe). Bei der zahlungsförmigen Geldausgabe erhält (kauft) der Geldausgeber eine Warenleistung; so zum Beispiel das Reich, wenn es durch Ausgabe neuer Scheidemünzen seine Kassenbedürfnisse deckt; oder die Reichsbank, wenn sie als Offen-Markt-Politik Effekten mit neuen Banknoten kauft. Das Hauptbeispiel für die kreditförmige Geldausgabe ist dagegen die

Wechseldiskontierung der Reichsbank (die nur rechtlich ein Forderungskauf mit Einlösungshaftung, wirtschaftlich aber eine Kreditgewährung ist). Die Reichsbank erhält hierbei keine Gegenleistung, sondern nur eine Forderung.

Die zahlungsförmige Geldausgabe ist einmalig. Das ausgegebene Bargeld bleibt dauernd im Umlauf. Die kreditförmige Geldausgabe wiederholt sich. Mit der Kreditrückzahlung fließt das ausgegebene (oder anderes, gleichartiges) Bargeld an die Ausgabestelle zurück. Anschließend kann dann die Geldausgabe von neuem beginnen. Dadurch läßt sich der Bargeldumlauf dauernd regulieren.

B. Die Regelung der Geldausgabe

Der Zahlungsverkehr nimmt Bargeld wegen seines Tauschwertes (Funktionswertes) an. Deshalb braucht Bargeld keinen Eigenwert (Sachwert) zu haben. Der Funktionswert setzt aber voraus, daß Bargeld knapp ist. Da Geldzeichen sich verhältnismäßig leicht herstellen lassen, muß die Möglichkeit der Ausgabe von Bargeld gesetzlich beschränkt werden. Es darf nur soviel Bargeld zugelassen werden, wie der Tauschverkehr ohne Störung des Tauschprozesses aufnimmt. Andererseits muß aber auch dafür gesorgt werden, daß die zur Abwicklung der Warentauschgeschäfte notwendigen Zahlungsmittel verfügbar sind. So soll die staatliche Geldordnung bei Einhaltung einer Obergrenze und einer Untergrenze für den Bargeldumlauf ein funktionsfähiges Geldwesen schaffen. — Der Staat kann selbst das Bargeld ausgeben oder das Recht zur Bargeldausgabe auf eine Notenbank übertragen. Wesentlich ist nur, daß die Ausgabe von Bargeld beschränkt wird, indem sie ein Vorrecht ist, dessen Ausübung der Staat regelt.

Das Bargeld unterscheidet sich also vom Forderungsgeld dadurch, daß es eine staatliche Geldordnung voraussetzt. Das Forderungsgeld erhält seinen Wert durch die wirtschaftlichen Zusammenhänge, aus denen es stammt. Es hat einen persönlichen Schuldner und läßt sich danach bewerten. Bargeld (ohne Sachwert) ist dagegen von Personen und Sachen losgelöst. Es behält nur mittelbar dadurch Wert, daß der Staat seine Verkehrsfähigkeit durch Begrenzung seiner Umlaufsmenge sichert.

2. Die Begründung der Geldeigenschaft

Ein Zahlungsmittel wird grundsätzlich nur dadurch zu Geld, daß ein Zahlungsempfänger es annimmt. Allerdings wird jeder Zahlungsempfänger in der Geldbewertung sich an das Urteil der Allgemeinheit anzuschließen suchen; denn die weitere Verwendbarkeit eines erhaltenen Zahlungsmittels hängt von seiner allgemeinen Anerkanntheit ab. Daher bildet sich verhältnismäßig leicht eine übereinstimmende allgemeine Anschauung über die Geldeigenschaft bestimmter Zahlungsmittel.

a) Beim Forderungsgeld wird der Zahlungsempfänger zunächst weniger an die Einlösbarkeit denken, als an die Möglichkeit, die Forderung weiter zur Zahlung zu verwenden (durch Abtretung oder als Grundlage für eine Zahlungsanweisung). Die Einlösbarkeit steht allerdings für die Beurteilung immer im Hintergrund und ist letzthin entscheidend. Sie bedeutet die Möglichkeit, die Forderung notfalls in andere (anerkannte) Zahlungsmittel umzuwandeln. — Praktisch ergeben sich für eine solche

Beurteilung kaum Schwierigkeiten oder Unklarheiten. Der Kreis der zahlungswertigen Forderungen steht im allgemeinen fest. Er beschränkt sich auf Forderungen gegen Banken und Kassen, die als Institute des Zahlungsverkehrs allgemein bekannt sind. Im übrigen muß der Zahlende im Zweifelsfall seine Forderung diskontieren lassen oder selbst einziehen und mit dem Erlös, statt mit der Forderung, zahlen.

b) Beim Bargeld wird die Geldwertigkeit im Einzelfall kaum geprüft werden. Die einzelnen Geldzeichen sind nicht verschieden wie Forderungen. Die Zahlungswirkung des Bargeldes wird nicht weiter erörtert. Seine Anerkanntheit wird auch wesentlich unterstützt durch einen gesetzlichen Annahmezwang für einen bestimmten Fall, nämlich für die Erfüllung einer Zahlungsverpflichtung, bei der eine bestimmte Zahlungsform nicht vereinbart oder vorgeschrieben ist. Dann muß mangels einer Einigung zwischen Gläubiger und Schuldner der Gläubiger wissen, welche Zahlungsweise er verlangen kann; ebenso muß der Schuldner wissen, welche Zahlungsweise schuldbefreiend wirkt, auch wenn der Gläubiger andere Zahlungsmittel wünscht. Für diesen Fall ist deshalb durchgängig die Zahlung mit Bargeld gesetzlich angeordnet. Insoweit gilt für das Bargeld Annahmezwang, das heißt, der Gläubiger kann das Bargeld nicht als Zahlung ablehnen.

Das bedeutet eine Ausnahme von dem Grundsatz, daß nur der Zahlungsempfänger über die Zahlungswertigkeit (Geldeigenschaft) eines Zahlungsmittels entscheidet. Der Grundsatz selbst wird dadurch aber nicht aufgehoben. Vor allem läßt sich aus dem Ausnahmefall nicht die Annahme ableiten, die Geldeigenschaft werde allgemein und entscheidend durch staatliche Anordnung begründet. Zwar ist die Ausgabe von Bargeld (ohne Sachwert) ohne staatliche Ordnung (Begrenzung) praktisch nicht denkbar und erleichtert der Annahmezwang (für bestimmte Fälle) die Durchsetzung des Bargeldes im Zahlungsverkehr ganz wesentlich; aber dadurch kann die Anerkennung des Bargeldes durch den Tauschverkehr nicht ersetzt werden. Der Tauschverkehr könnte Bargeld jederzeit auch geringer bewerten als andere Zahlungsmittel; oder er könnte sich dem Bargeld ganz entziehen, indem er andere Zahlungsmittel vereinbarte oder Tauschabschlüsse gegen Bargeld ganz ablehnte.

3. Die Begrenzung der Geldentstehung

Geld darf nicht unbegrenzt entstehen können; sonst behält es nicht die Knappheit, die ihm Wert gibt. Die nötige Begrenzung der Geldentstehung ergibt sich aus dem Grundsatz der Warenbindung (IV, 2, a).

a) Bargeld

Die Geldzeichen bestehen nicht aus Waren. Deshalb braucht der Geldausgeber keine Waren zu leisten. Er erwirbt selbst Waren lediglich dadurch, daß er neue Zahlungsmittel in Umlauf setzt. So gibt das Reich neue Scheidemünzen aus, indem es damit seine Ausgaben deckt. Bei der kreditweisen Geldausgabe der Reichsbank ist der Kreditnehmer der eigentliche Nutznießer, weil er erstmals für die neuen Zahlungsmittel Waren erwirbt. Auch er macht dagegen keine Warenleistung (sondern holt sie allenfalls später nach).

Dadurch wird der Grundsatz der Warenbindung aber nicht unbedingt verletzt. Durch Ausnutzung des Zeitmomentes im Rahmen des Entgeltlichkeitsprinzips ergibt sich nämlich die Möglichkeit gewisser selbständiger Tauschwirkungen des Geldes. Hierauf beruht die Bargeldausgabe und der Bargeldumlauf. Im einzelnen soll das als die „Wirkungsspanne des Geldes" erörtert werden.

Die Begrenzung der Bargeldausgabe muß also in der Einhaltung der „Wirkungsspanne des Geldes" liegen.

b) Forderungsgeld

Wenn durch Forderungsabtretung gezahlt wird, so liegt die Warenbindung dieser Geldentstehung in der Forderungsentstehung. Der (zahlende) Gläubiger hat eine Warenleistung machen müssen, um die Forderung zu erwerben, mit der er jetzt zahlt. Damit ist die Zahlung durch Abtretung warenverbunden.

Bei der Zahlung durch Forderungsbegründung kommt es darauf an, ob die Bank aus dem Überweisungsguthaben oder als Kreditgewährung zahlt. Ein Guthaben hat nur durch eine Warenleistung mit anschließender Einzahlung des Erlöses bei der Bank geschaffen werden können. Bei kreditweiser Zahlung fehlt dagegen zunächst eine Warenleistung des Kreditnehmers; auch ist keine Warenleistung eines Einlegers nachweisbar, da die Bank nicht mit fremden Zahlungsmitteln zahlt. Es entsteht also mit der Bankgutschrift neues Geld ohne Warenbindung. (Diese soll durch eine Leistung des Kreditnehmers zwecks Krediteinlösung nachgeholt werden, steht aber vorläufig noch aus.)

Diese Möglichkeit selbständiger Geldentstehung ist als „Kreditschöpfung" viel erörtert worden. Ihre Grenzen werden im allgemeinen in der Einlösungsmöglichkeit der Banken (Barliquidität) oder in noch unausgeschöpften Produktivkräften gesehen. Beide Gesichtspunkte erklären aber die Erscheinung selbst nicht. Sie beruht ebenfalls nur auf der „Wirkungsspanne des Geldes".

Die Begrenzung der Geldentstehung läuft also darauf hinaus, Geldentstehung außerhalb der Warenbindung (gemäß dem Entgeltlichkeitsprinzip) auf die „Wirkungsspanne des Geldes" zu beschränken.

VI. Die Wirkungsspanne des Geldes

1. Die kreditäre Natur des Geldes

In jeder Zahlung liegt ein kreditäres Moment. Die Art des Zahlungsmittels (Bargeld oder Forderung) ist dafür unerheblich. Rechtlich läßt sich kein Kredit feststellen; bedeutet doch Zahlung rechtlich eine Leistung, also das Gegenteil von Kredit (Leistungsaufschub). Das Kreditmoment liegt aber auch nicht innerhalb eines einzelnen Tauschaktes, sondern nur im Zusammenhang der Tauschakte; es zeigt sich bei einer wirtschaftlichen Anschauungsweise, die Zweck und Ziel des Tauschverkehrs entscheidend sein läßt.

A verkauft seine Ware, um mit dem Gelderlös eine fremde Ware kaufen zu können, so daß für ihn die gekaufte Ware das Entgelt der verkauften Ware bedeutet. Verkauf und Kauf sind aber zwei getrennte Vorgänge, die schon deshalb nicht gleichzeitig, sondern nur nacheinander erfolgen können. Auch pflegt eingenommenes Geld (Einkommen) erst nach und nach wieder ausgegeben zu werden. Bis dahin besitzt der Verkäufer nur Geld. Insofern hat der Verkäufer mit seiner Warenleistung Kredit gewährt, bis er selbst eine Ware kauft. (Beim Naturaltausch würde ein Zeitabstand zwischen den beiden Warenleistungen auch rechtlich Kredit [Stundungkredit] bedeuten.)

Kreditgeber ist in diesem Zusammenhang der Verkäufer. Kreditnehmer dagegen ist nicht ohne weiteres ein Käufer, weil er Geld statt Ware gibt. Der Käufer wird sein Geld zumeist durch eigene Warenleistung erworben haben. Die sachliche Gegenleistung dafür bildet erst die Ware, welche er jetzt vom Verkäufer erhält. Deshalb ist er nicht dessen Kreditnehmer. Er hört nur auf, Kreditgeber zu sein. An seine Stelle tritt jetzt der Verkäufer; denn Kreditgeber ist der jeweilige Geldbesitzer (aus Warenverkauf). So ruft jedes Zahlungsmittel mit seinen Umsätzen eine fortlaufende Kette von Krediten hervor.

Der Käufer ist aber nur dann kein Kreditnehmer, wenn er das Geld durch Warenleistung erworben hat. Verfolgt man nun die Kette der Tauschgeschäfte, die durch ein Zahlungsmittel gebildet wird, bis auf die erstmalige Zahlungsverwendung (Geldentstehung) zurück, so stößt man auf den, der das Geld in Umlauf gesetzt hat. Er hat für das Geld eine Ware erhalten, ohne selbst eine Ware zu leisten. Der Zahlungsempfänger wollte sich mit dem Geld ja an anderer Stelle eine Ware kaufen. Diese hat er von einem Dritten erhalten, der sich wiederum mit Geld begnügt hat. So ist der Geldausgeber der ständige Nutznießer des Kredites, den der jeweilige Geldbesitzer mit seiner Warenvorleistung gibt. Ohne Verpflichtung zur Geldeinlösung braucht der Geldausgeber auch später keine Warenleistung nachzuholen. Er ist also zeitlich unbegrenzter Nutznießer des Kredites, der in den Warenleistungen der Geldempfänger liegt. Für den einzelnen Geldempfänger dagegen ist die Leistung nicht unbegrenzt, sondern nur vorübergehend unentgeltlich. Das Geld soll ihm schließlich anderweitige Leistungen einbringen. Der Zahlungsempfänger schafft somit durch seine Wartebereitschaft die Wirkungsspanne des Geldes. Deshalb erscheint es richtig, von kreditärer, anstatt von unentgeltlicher Leistungsbereitschaft zu sprechen. Damit werden gleichzeitig die Grenzen der selbständigen Wirkungsmöglichkeit der Geldausgabe sichtbar.

2. Umfang und Veränderungen der Wirkungsspanne

Die Wirkungsspanne des Geldes beruht auf der Bereitschaft der einzelnen Tauschbeteiligten, Geld als Entgelt für Warenleistungen anzunehmen und erst nach einiger Zeit wieder auszugeben. Demnach wird der Umfang der Wirkungsspanne durch die allgemeinen Zahlungsgewohnheiten (Einkommensfluß und Ausgabegewohnheiten) sowie durch die Kreditgewährung bestimmt. Angenommen, die Lohnempfänger werden am Monatsersten (für den Vormonat) ausbezahlt und geben alles Geld im Laufe des Monats aus. Dann liegt zwischen Empfang und Ausgabe des Geldes ein durchschnittlicher Abstand von einem halben Monat. Die Wirkungsspanne entspricht folglich dem Wert der Arbeitsleistungen aller Lohnempfänger während eines halben Monats. — Für die Unternehmer sei angenommen, daß sie durchschnittlich einen Monat nach Lieferung Zahlung erhalten, und zwar zu einem Fünftel in bar und zu vier Fünftel durch Banküberweisung. Für das Bargeld entspricht dann die Wirkungsspanne einem Fünftel des Produktionswertes aus der Zeit der Kassenhaltung (bis zur Weitergabe des Bargeldes) der Unternehmer. Die Banküberweisung enthält nur dann eine Wirkungsspanne, wenn sie aus einer Kreditgewährung der Bank an den Zahlenden (statt aus einem Guthaben) herrührt. Die Spanne entspricht dann dem Wert von vier Fünftel der Produktion in der Zeit von der Bankgutschrift bis zu einer Zahlungsanweisung des Unternehmers, deren Ausführung der Bank nur mit anderen Zahlungsmitteln als durch Gutschrift möglich ist.

Das Ausmaß der Gewährung von Darlehnskrediten aus vorhandenen Zahlungsmitteln ist deshalb für die Größe der Wirkungsspanne von Bedeutung, weil ohne Kreditgewährung die Spanne wahrscheinlich größer bliebe. Geld wird deshalb ausgeliehen, weil der Kreditgeber noch keinen Kaufbedarf hat, während der Kreditnehmer sogleich kaufen möchte. Ohne Kreditgewährung würde also der Geldbesitzer das Geld voraussichtlich horten und würde der Kreditsucher nicht kaufen können. — Auch die Einzahlung erhaltenen Bargeldes bei einer Bank hat im allgemeinen die Wirkung, den Zeitabstand zwischen den Kaufgeschäften zu verringern; denn die Bank behält nur den geringsten Teil des Geldes als Kasse zurück, während alles übrige Geld ausgeliehen oder in Werten angelegt wird.

Die Wirkungsspanne wird demnach durch die Art der Einkommenszahlung, durch die Ausgabeweise der Geldbesitzer und durch die Kreditgewährung bestimmt. Alle diese Verhältnisse können sich aber ständig ändern. So wird es von entscheidender

Bedeutung werden, wenn statt der Monatslöhnung die Zehntagelöhnung eingeführt wird; dadurch verkleinert sich die bezügliche Wirkungsspanne auf ein Drittel. Ebenso wird beschleunigtes Geldausgeben sogleich nach Empfang des Geldes — etwa aus Entwertungsfurcht — die Spanne verringern. Umgekehrt wird sie durch verstärkte Neigung der Privatpersonen zur Hortung oder der Unternehmer und Banken zur Kassenhaltung vergrößert. Ebenso wird sie durch einen Rückgang der Kreditumsätze (Verringerung und Verlängerung der Kredite) vergrößert, während ein lebhafter werdendes Kreditgeschäft sie verkleinert.

Demnach ist das Tempo der Geldumsätze entscheidend. Es kommt aber (für den Tauschverkehr) nicht auf alle Geldumsätze an, sondern nur auf die Geldumsätze für den Warenerwerb. Zwischen dem Gelderwerb durch Warenleistungen und der Geldverwendung für Warenumsätze liegt die Wirkungsspanne. Deshalb kann auch nicht der Begriff der „Umlaufsgeschwindigkeit des Geldes" verwendet werden, weil er alle Geldumsätze umfaßt, also aus Warengeschäften und aus Finanzgeschäften.

3. Die Ausfüllung der Wirkungsspanne

Die Ausfüllung der Wirkungsspanne steht den Stellen zu, die Zahlungsmittel in Umlauf bringen können. Für Bargeld sind das die Träger des Münz- und Notenprivilegs, also im allgemeinen die Notenbanken, für Forderungsgeld die Kreditbanken. Sie müssen sich den jeweiligen Veränderungen der Wirkungsspanne anpassen. Es ist aber schwierig, die jeweilige Größe der Wirkungsspanne zu ermitteln. Theoretisch liegt es nahe, hierfür von der Preisentwicklung auszugehen. Angenommen, die Anpassung an die Verhältnisse des Zahlungsverkehrs habe dazu geführt, daß in einem bestimmten Zeitpunkt der Geldumlauf mit der Wirkungsspanne übereinstimme. Wenn sich nun die Wirkungsspanne verkleinert, etwa durch Enthorten, so muß der Geldumlauf verringert werden; andernfalls muß eine Preissteigerung eintreten, da die Aufrechterhaltung desselben Geldumlaufs inflatorisch wirkt. Vergrößert sich dagegen die Wirkungsspanne, etwa durch Horten, so muß der Geldumlauf vergrößert werden; andernfalls muß der Nachfrageausfall zu einer Preissenkung führen, da die Aufrechterhaltung nur desselben Geldumlaufs deflatorisch wirkt.

Es ist aber praktisch kaum mit ungefährer Sicherheit zu sagen, ob und wie weit eine Preisbewegung auf eine abweichende Entwicklung von Geldumlauf und Wirkungsspanne zurückzuführen ist. Können doch Preisänderungen auch von der Warenseite kommen und lassen sie sich auch schwer einheitlich feststellen. (Soweit bisher tatsächlich Versuche gemacht worden sind, den Preisstand durch die Regulierung des Geldumlaufs zu stabilisieren [Schweden], denkt man nicht daran, damit nur die Tauschmittelfunktion des Geldes entsprechend seiner Wirkungsspanne einzusetzen, sondern macht man die Geldpolitik zum umfassenden Mittel allgemeiner wirtschaftspolitischer Ziele.)

Eine zuverlässigere Beurteilung der jeweiligen Wirkungsspanne wird dagegen durch das Verhalten des Kredit- und Zahlungsverkehrs ermöglicht, aus dessen Zusammenhang neues Geld entsteht. Zwar ist der Zahlungsverkehr für Bargeld nahezu unbegrenzt aufnahmefähig; aber die Notenbank kann doch aus der Stärke des Rückflusses der Diskontkredite die Entwicklung des Bedarfs an Bargeld in etwa entnehmen (VII, 1, b). Noch wesentlicher ist das Verhalten des Zahlungsverkehrs für das Forderungsgeld der Banken. Allerdings ist hieraus die Wirkungsspanne allein nicht zu ermessen. Das erklärt sich durch folgende Zusammenhänge:

Auf der Wirkungsspanne beruht nur das Forderungsgeld, das aus Kreditgewährung durch Forderungsbegründung entstanden ist. Diese Bankguthaben bilden aber bilanzmäßig mit den anderen Bankguthaben, welche durch Einzahlungen entstanden sind, eine untrennbare Einheit. Das Forderungsgeld besteht solange, wie sein Inhaber sein Guthaben bestehen läßt; zieht er es ab, so verschwindet das Forderungsgeld. Das Verhalten des Zahlungsempfängers (Kreditors) entscheidet also über Entstehung und Lebensdauer des Forderungsgeldes. Die Bank kann aber bei einzelnen Zahlungsaufträgen nicht mehr sagen, wie die einzelnen Guthaben entstanden sind und wieviel davon Forderungsgeld in Ausnutzung der Wirkungsspanne ist. Sie kann nur aus den Verfügungen der Kreditoren insgesamt entnehmen, wie groß die allgemeine Wartebereitschaft — und damit auch die Wirkungsspanne für Forderungsgeld — ist. Bei größeren Abzügen von Kreditoren muß sie ihre Neuausleihungen einschränken oder die laufenden Ausleihungen teilweise einziehen. In solcher Regulierung des Verhältnisses von Kreditoren und Debitoren ist dann auch die Anpassung an die Veränderungen der Wirkungsspanne mit enthalten.

Eine sehr schwierige Frage ist noch, wieweit durch zusätzliche Geldausgabe ein zusätzlicher Warenumsatz erst hervorgerufen und damit eine zusätzliche Wirkungsspanne des Geldes erst geschaffen werden kann. Das Geld soll danach also nicht nur die Wirkungsspanne ausfüllen, die durch die Marktverhältnisse gegeben ist, sondern es soll sie sich selbst erst schaffen. Bekanntlich steht dieses Problem im Mittelpunkt der konjunkturpolitischen Erörterungen. Es soll hier aber nur sein Standort im Geldsystem gezeigt werden, ohne daß weiter darauf eingegangen werden kann.

VII. Statische und dynamische Geldauffassung

Die hier entwickelte funktionelle Geldauffassung soll noch dadurch anschaulicher gemacht werden, daß sie der verbreiteten substantiellen Geldauffassung gegenübergestellt wird. Das funktionelle Gelddenken kann dynamisch genannt werden, weil es nur im Wirken der Zahlungsmittel die Geldbedeutung sieht. Dagegen sieht die substantielle Geldauffassung die Zahlungsmittel zunächst außerhalb des Zahlungsvorgangs; sie spricht ihnen Selbständigkeit und Eigenwert zu; sie glaubt auch an Wareneigenschaften der Zahlungsmittel. Deshalb kann diese Auffassung als statisch bezeichnet werden.

Für die funktionelle Geldauffassung ist die Form der Zahlungsmittel nicht entscheidend, da es ihr nur auf die Zahlungswirkung ankommt. Die substantielle Auffassung geht von dem äußeren Schein der Zahlungsmittel aus und spricht ihnen demnach dieselben Tauschguteigenschaften wie den Waren zu. Das läßt sich aber allenfalls für das Bargeld durchführen und nötigt dazu, das Forderungsgeld als eine Geldform anzusehen, die vom Bargeld abgeleitet und abhängig ist. Auch kann die substantielle Auffassung nicht zu einem richtigen Verständnis des Verhältnisses zwischen Geld und Waren kommen, weil sie beide als gleichartig, gleichwertig und nebeneinander stehend ansieht. Dabei liegt gerade in der richtigen Erfassung dieses Verhältnisses der Schlüssel zu jeder haltbaren Geldtheorie.

Diese Unterschiede in der Anschauungsweise führen natürlich auch zu erheblichen Abweichungen in den Fragen der Geldpolitik. Das sei noch an einigen praktischen Fragen gezeigt.

1. Gelddeckung

a) Warendeckung

Die Gelddeckung bildete früher das Kernstück jeder Geldordnung. Sie erschien notwendig, wenn man vom Geld selbständigen Warenwert verlangte, jedoch Zahlungsmittel ohne Warencharakter gebrauchte. Der Geldwert dieser Zahlungsmittel konnte dann mit der Warendeckung (Gold) begründet werden. Da aber der inländische Zahlungsverkehr die Gelddeckung praktisch regelmäßig nicht in Anspruch nimmt, begnügte man sich bald mit einer Teildeckung. Danach konnte man jedoch allenfalls noch behaupten, daß die Deckung den Geldwert durch Einlösungsmöglichkeit sichere (statt begründe). Aber selbst in dieser Form überzeugt der Deckungsgedanke nicht:

A. Wenn das Geld Warenwert haben soll, dann muß auch jedes Zahlungsmittel selbst vollen Sachgutwert haben. Die Trennung in Zahlungsmittel und Deckung hebt dagegen den Warencharakter der Zahlungsmittel auf.

B. Eine Teildeckung der einzelnen Zahlungsmittel ist ein Widerspruch in sich. Sie könnte nur einen Teilwert ergeben. Ebenso kann nicht unterstellt werden, ein Teil der Zahlungsmittel sei voll gedeckt, ein anderer Teil dagegen sei gar nicht gedeckt.

C. Wenn die Deckung in Anspruch genommen wird, verliert das eingelöste Zahlungsmittel seinen Geldcharakter und gilt die Deckung als Ware. Die Deckung beseitigt also im entscheidenden Fall die Geldeigenschaft, anstatt sie zu stützen. Wird die Deckung dagegen nicht in Anspruch genommen, so ist sie überflüssig.

D. Im Krisenfall ist die Geldeinlösung meist aufgehoben worden. Sie könnte auch die Funktionsfähigkeit des Geldes nicht erhalten, wenn die entscheidenden Wirkungsbedingungen des Geldes verletzt sind. Sind diese aber nicht verletzt, so denkt auch niemand an die Deckung.

E. Auch die bedeutende Wirksamkeit der Golddeckung als intervalutarischer Wertmaßstab und intervalutarisches Zahlungsmittel widerlegt nicht diese Beurteilung der Deckung. Auf die Golddeckung (als Warenwert) wird gerade dann zurückgegriffen, wenn ein Währungszahlungsmittel abgelehnt wird. Deshalb werden die Währungszahlungsmittel durch Umwechslung vom Gold ersetzt.

b) Wechseldeckung

Die Warendeckung des Geldes ist überflüssig und nicht folgerichtig durchführbar, weil sie auf dem Irrtum aufbaut, das Geld müsse Warenwert haben. An sich kann aber der Gedanke der Gelddeckung wohl fruchtbar gemacht werden. Man muß ihn nur ganz allgemein fassen: Die Deckung soll die Geldmenge beschränken und dadurch den Wert des Geldes sichern. In diesem Sinn hat jede Geldpolitik für eine Deckung zu sorgen. Ihre Beurteilung muß sich aber von der Warenauffassung des Geldes freimachen. Das soll an der Notendeckung der Reichsbank durch „Handelswechsel" gezeigt werden.

Der Verkäufer hat eine Ware an den Käufer geliefert und die Reichsbank bevorschußt dem Verkäufer (oder Wechselinhaber) die Kaufpreisforderung durch Diskontierung einer Tratte. Unmittelbare Gelddeckung ist also die Kaufpreisforderung. Die gelieferte Ware scheidet schon deshalb als Deckung aus, weil sie nicht mehr zu erfassen ist. Mittelbar soll sie jedoch dadurch als Deckung dienen, daß der Käufer sie „produktiv" verwendet und mit dem Erlös den Wechsel einlöst. Die Diskontierung verschafft dem Verkäufer aber schon Geld, bevor der Käufer produktiv geworden ist. Auch ist noch unsicher, ob es dem Käufer gelingt, seinerseits produktiv zu werden. Demnach entsteht bis zur Wechseleinlösung Geld ohne Warenleistung (Warendeckung). Das ist im Rahmen des Entgeltlichkeitsprinzips durch Ausnutzung der Wirkungsspanne des Geldes möglich. Die Wechseldiskontierung ist also nicht als Geldentstehung gegen Warenleistung anzusehen und ist deshalb nicht unbegrenzt zulässig. Die Warenleistung des Wechselausstellers gibt an sich keinen Anspruch auf Geld durch Diskontierung. Das Entgeltlichkeitsprinzip sagt nur, daß Geld durch Warenleistungen erworben werden müsse. Es sagt aber nicht umgekehrt, daß jede Warenleistung Anspruch auf Geld gebe. Verkehrswirtschaftlich sind nur die Leistungen produktiv, die auch Bezahlung finden. Wenn ein Leistungsempfänger nicht zahlen kann, dann zeigt sich damit nur, daß er verkehrswirtschaftlich keinen Anspruch auf die Leistung hat. Deshalb kann ihm nicht Geldschöpfung zu der Leistung verhelfen. Trotzdem ist die Form der Diskontierung von Warenwechseln („Handelswechseln") für die Ausgabe von Bargeld sinnvoll und zweckmäßig. Praktisch besteht eine hinreichende Gewähr für die Einlösung des Wechsels bei Fälligkeit. Der Wechseleinreicher nutzt also die Wirkungsspanne des Geldes nur vorübergehend aus und die Reichsbank behält dadurch die Gestaltung des Geldumlaufs in der Hand. Auch besteht eine gewisse Wahrscheinlichkeit dafür, daß der Umlauf an Tratten die gesamten Tauschumsätze symptomatisch anzeigt. Demnach gibt die Entwicklung der Wechseleinreichungen der Reichsbank einen gewissen Anhalt für die Veränderungen der Wirkungsspanne des Geldes. Schließlich ist die Diskontierung auch wirtschaftspolitisch zweckmäßig, weil sie die Wirkungsspanne einem denkbar weiten Kreis von Personen zugute kommen läßt, die überdies mit dem Geld voraussichtlich weiter produktiv sein werden.

Wenn die Deckung den Wert des Geldes sichern soll, so hat die Wechseldeckung nach allem nur folgende Bedeutung: Sie ist eine (zweckmäßige) Form, um die Wirkungsspanne des Geldes auszufüllen, gleichzeitig aber auch die Geldausgabe hierauf zu begrenzen und dadurch dem Geld Funktionswert zu sichern. Indem sie baldige Wechseleinlösung erfordert, macht sie den Prozeß der Geldausgabe kurzfristig (und damit veränderungsfähig) und hält sie zur Produktivität (zu Tauschumsätzen) an. — Es ist aber kein Zweifel, daß an sich die Wirkungsspanne auch durch andere Formen der Geldausgabe ausgefüllt werden kann und daß die Wechseldiskontierung grundsätzlich keine weiter reichenden Möglichkeiten für die Geldausgabe schafft.

2. Geldmenge

Für die statische (substantielle) Geldauffassung sind die Zahlungsmittel selbständige Größen. Demgemäß stellt vermeintlich die Gesamtheit aller bestehenden Zahlungsmittel die „Geldmenge" dar und bildet deren Verhältnis zur Warenmenge die Preise (Quantitätstheorie). Da aber nicht schlechthin die Geldmenge, sondern nur die wirksame Warennachfrage in Geld für die Preisbildung von Bedeutung ist, sieht sich die Quantitätstheorie genötigt, den Faktor der „Umlaufsgeschwindigkeit" einzuführen und mit der Geldmenge zu verbinden. Die Unfruchtbarkeit solches Begriffschemas zeigt sich aber bei jedem Versuch zu seiner Anwendung.

Die Geldmengenvorstellung führt auch leicht zu einer falschen Geldpolitik. Sie orientiert sich an den Vorräten an Zahlungsmitteln und sucht durch ihre Gestaltung Wirtschaftspolitik zu treiben. Die funktionelle Geldpolitik stellt es dagegen unmittelbar auf die Tauschumsätze ab. Ihr Ziel ist im allgemeinen, einen gleichbleibenden Tauschumfang zu erhalten und dadurch Stabilität der Preise und der Beschäftigung zu sichern. Darüber hinaus kann sie den Tauschprozeß zur Erweiterung anzuregen suchen. Taugliche Mittel hierfür sind die aufmerksame Ausfüllung der Wirkungsspanne des Geldes (also die Vermeidung deflatorischer und inflatorischer Wirkungen) und die Umlaufsbeschleunigung durch Kreditförderung.